その悩み

ちょっと

待った!!

治療は、仕事を続けながら
できませんか？

働く意欲、能力がある
にもかかわらず病気を
理由に全部をあきらめ
てしまうことは、あな
たにとっても職場に
とっても、望ましいこ
とではありません。

両立支援コーディネーター

医療の進歩によって、以前より
服薬や通院の調整ができるよう
にもなってきています。

自覚症状がないからといって
放置すると、病気は進んでしまいます。

働く女性の
がんが増えて
います

治療と仕事をうまく両立させていくためには
どんなことが必要なのか、周りの人が病気に
かかった場合にはどうすればよいのか、みていきましょう。

仕事　治療

JN121482

目　次

3

1 治療しながら働ける職場が増えています

日本では労働人口の約3人に1人が何らかの疾病を抱えながら働いているといわれています。さらに今後は生産年齢の高齢化が進み、定年年齢の引き上げなどにより、病気を抱えながら働く人の割合が増えていくことが予想されます。

一方、医療の進歩や働く環境の整備により以前より病気になっても働き続けやすくなっている面もあります。

柔軟な働き方は社会全体で求められており、治療と仕事の両立を支援する取組みが進められています。

疾病を抱えながら働く人数
(主要疾病の内訳)

全疾病2,266万人(主要疾病合計1,417万人)
(資料出所：厚生労働省)

- 101万人
- 119万人
- 136万人
- 443万人
- 618万人

- ▨ 糖尿病
- ▨ 心疾患
- ▨ 脳卒中
- ▨ がん
- ▨ 肝疾患

2 両立を支える仕組み

職場における両立支援は、人事労務担当者と産業医、保健師などの産業保健スタッフが連携して進めます。2020年からは主治医との連携相手が総括安全衛生管理者、衛生管理者、安全衛生推進者にも拡大されています。

支援対象者に寄り添って、医療機関、企業とのコミュニケーションを円滑にする両立支援コーディネーターの育成も進んでいます。

働くことをあきらめずに、一緒に対策を探っていきましょう

両立支援
コーディネーター

＊両立支援コーディネーター：支援対象者に寄り添って、医療機関、企業とのコミュニケーションを円滑にする人のこと((独)労働者健康安全機構で養成を実施)。

労働者本人・家族

企業

人事労務担当者、産業医、産業保健スタッフ、衛生管理者、上司　など

医療機関

主治医、医療ソーシャルワーカー、看護師　など

トライアングル型支援

支援の流れ

スタート！

労働者の病気が判明
事業者へ申出

↓

事業者が就業継続の可否を判断※

↓ ↓

休んで治療 ／ **働きながら治療**

休業開始 ／ 事業者が両立支援プランを作成※

※主治医・産業医の
判断を踏まえて

病気から来る体調不良だけでなく、先々を考えることによって精神的な不調を招くこともあります。休業中は治療に専念しましょう。

↓

事業者が職場復帰の可否を判断※

↓

職場復帰

↓

事業者が両立支援プランを作成※

↓

両立支援プランに基づく実施・フォロー（計画の見直し）

私傷病のため、支援を求める労働者本人の申出によりスタートします。主治医から収集した両立支援に必要な情報を、本人から事業者に提出します。

労働者から提出された情報をもとに、産業医等の意見を聴きます。
関係者で面談を行ったり、労働者の同意を得て、事業者が主治医から情報収集や確認を行うこともあります。

人事労務担当者、産業医等の産業保健スタッフ、主治医と連携して作成します。具体的な就業上の措置、治療に対する配慮の内容とスケジュールを定めた計画をたてます。

以上が望ましい支援の流れですが、実際には、病気が発覚したことで、支援の申出をすることなく休職や退職を決断するケースが少なくありません。こうしたことがないように、両立支援制度の周知や、社内で制度が充実していない場合は見直しを検討していくことが必要です。

　自分または職場の仲間に、治療が必要になったとわかったとき、それぞれの立場でどのようなことが必要なのかみていきましょう。

治療が必要な本人は…

現在の症状は・・・

　両立に困難を感じるときは、上司に、病状と必要な措置の希望について申し出ましょう。病気によっては、一見してわかりづらいものや、作業転換等の措置が必要なものがあります。一人で抱え込まず周囲の理解と協力を得るためにも、上司・同僚と情報を共有しながら進められるとよいでしょう。

> **メモ**
> ・入院や通院治療の必要性とその期間
> ・治療の内容、スケジュール
> ・通勤や業務に影響を及ぼしうる症状や副作用
> ・避けるべき作業
> ・配慮が望まれる作業
> ・時間外労働、出張、機械作業の可否等
> ・その他配慮が必要な事項

上司の役割は…

日ごろからコミュニケーションを！
・部下が支援を求めやすいように日ごろからコミュニケーションをとりましょう。
・社内の制度を知り、必要な手続き、人事労務部門、産業保健スタッフへつなぎます。

休業中は？
・休業中の連絡については誰が、どのような手段で、どれくらいの頻度で行うか決めておきましょう。

復職後のサポートは？
・就業上の配慮をしながら復職をサポートします。
・完全に復調していない場合もあります。体調に波があることも知っておきましょう。心配な状況の時は速やかに、人事労務担当者や産業保健スタッフに連絡します。
・支援対象者の周りにも仕事の負荷がかかっていないか配慮しましょう。本人の了解のもと必要に応じて情報を開示し、理解を得ましょう。

同僚の役割は…

・同僚が病気であることを知らされた時は、まず相手を思いやる心を持ちましょう。
・病状は人それぞれで、体調は波があって不安定であることを知っておきましょう。
・支援対象者の不在によって、仕事の負担がかかり過ぎるときは上司に相談しましょう。

健康情報の取扱いは慎重に

　治療と仕事の両立支援を行う上では、病名や症状、治療の状況など、機微な個人情報を扱います。本人に了解なく、知り得た情報を口外してはいけません。

　なお、職場で必要なのは健康情報そのものより、そのことにより判断された作業に関する情報です。

やってはいけない！

・本人に了解なく、他の人に病状を話す
・電話口で、療養中の部下の話をする
・本人の了解なく、主治医や家族と連絡をとる
・本人の了解なく、産業医の知り得た情報の
　開示を要求する

4　知ってる？　職場の支援制度

会社に両立を進めるための制度があるか確認しましょう。

基本方針や具体的ルールがあれば、それを利用します。上司や同僚がその制度を知っていないと利用しにくいこともありますので、その場合は理解と協力を得ましょう。

制度がない場合は、検討、整備していくことが望まれます。総務部門などに相談しましょう。

例えば次のようなものが考えられます。

①休暇制度
- 時間単位の年次有給休暇
- 傷病休暇・病気休暇

②勤務制度
- 在宅勤務(テレワーク)
- 時差出勤制度
- 短時間勤務制度
- 試し出勤制度

そのほか、福利・厚生制度、休職制度、健康保険から支給される傷病手当金の制度など。

事業者には"安全配慮義務"があります

事業者には、労働者の生命および健康などを危険から保護するように配慮すべき義務、いわゆる「安全配慮義務」があります(労働契約法、労働安全衛生法)。

病状によっては就業禁止の判断をしなければならないこともありますが、仕事によって病気が増悪することを防ぐために、健康診断の実施や配置転換、就業時間の工夫などの措置をとることが求められています。

一方、労働者も、自らの健康状態に注意し、安全に働くことができるように管理する「自己保健義務」があります。

5 病気と治療の予備知識

　両立支援のニーズが高い働く世代に多い病気について、6つ取り上げます。具体的な症状や対処方法は一人ひとり異なりますが、基本的な知識を持っておきましょう。

　どんな病気であっても、病気であると診断されたことによって、精神的な動揺や不安、気持ちの落ち込みなどが誰にでも起こりえます。仕事への意欲が失われてしまうことも少なくありません。

　どんな人でも心理状態が不安定になることを知り、必要に応じて主治医や産業保健スタッフに相談しましょう。

　病気による体調不良だけでなく、心に不安を抱えることがあることを知っておきましょう。

1 がん

　日本人の2人に1人はがんにかかるとの推計があります（国立がん研究センターがん情報サービス）。その一方で、がんの平均入院日数は短くなり、通院して治療を受け、治療の副作用や症状等をコントロールしながら仕事をしている人が増えています。がんの治療方法や治療に伴う症状などは人によってさまざまで、特に個別の状況に応じた配慮が必要です。

●治療を踏まえた対応

①手術

がん組織や周りのリンパ節を取り除きます。

→　手術前に入院期間や手術後に出やすい合併症、制限すべき動作などを確認します。およその職場復帰までの期間を見積もることができますが、手術後の経過は手術前の見込みと異なる可能性もあります。

②化学療法

抗がん剤によりがん細胞の増殖を防ぎます。

1～2週間程度の周期で行われます。

→　副作用により周期的に倦怠感や免疫力の低下および脱毛など、体調が変化します。いつごろどのような症状が出やすいか推測ができるため、副作用、内容、程度、治療スケジュール変更の有無などの情報を労働者から事業者へ提供することが望まれます。

③放射線治療

放射線を当てがん細胞を消滅させたり少なくしたりします。

1回の治療時間は10～20分程度で、基本的に毎日（月～金）の治療を数週間にわたって行います。

→　通院による疲労に加えて、治療による倦怠感が生じることがあります。症状は個人差が大きく、治療スケジュールを労働者から事業者へ提供することが望まれます。

治療や経過観察は長期にわたることもあり、時には予期せぬ副作用が出現することもあります。スケジュールの見直しが必要になることも知っておきましょう。

小中学生にも"がん教育"が始まっています！

　がんは治らない病ではなくなってきていること、予防が大切であること、がんにかかった人にどう向き合うか、などがん治療にまつわる教育が学習指導要領に盛りこまれ、小中学生にも行われるようになっています。

　職域でも一人ひとりが正しいがんの知識を持つことで、働きやすい職場の土壌をつくりましょう。

2 脳卒中

　脳卒中は、脳の血管に障害が起きることで生じる病気の総称で、「脳梗塞」「脳出血」「くも膜下出血」などが含まれます。

　医療の進歩に伴い、死亡率は低下し、発症後の適切な治療とリハビリテーションにより、就労世代などの若い患者においては、約7割が介助を必要としない状態まで回復しています。

●再発予防、治療のための配慮

　病状が安定したあとも、再発予防のために継続した服薬や、定期的な通院等が必要です。

→　通院頻度や服薬に伴い出やすい副作用の内容等の情報を労働者から事業者へ提供することが望まれます。

脳卒中の発症後、手足のまひや言語の障害が残る場合があります。発症前の状態に戻れないことへの悩みが後から生じることもあります。

痛みやしびれ（慢性疼痛など）、記憶力の低下、注意力の低下（高次脳機能障害）など後遺症が残ることもあります。

---

3 肝疾患

　肝疾患（ウイルス性肝炎、脂肪性肝疾患（肥満、糖尿病、飲酒などによる脂肪蓄積）、免疫の異常による疾患など）は、勤労世代の約15％が、肝機能検査において異常が認められています。

　肝疾患の場合は、病気があまり進行しておらず、症状が出ていない段階であっても、通院による治療、経過観察が必要な場合があります。治療を中断すると、疾病や症状が急激に悪化することもあります。

4 心疾患

　心疾患には虚血性心疾患(狭心症・心筋梗塞)、不整脈、心不全などがあります。

　主な治療法にはカテーテル治療(動脈から細い管(カテーテル)を挿入し冠動脈を拡張させる)、外科手術、デバイス植込み(ペースメーカー等)、薬物療法があります。

　治療法によっては生涯にわたる通院や服薬が必要な場合がありますが、年齢、生活習慣などに配慮しながら経過をみていきます。適正な支援により通常の生活に復帰できるケースも多いといわれています。

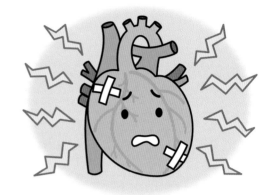

5 糖尿病

　糖尿病は膵臓で作られるインスリンというホルモンの不足や作用低下によって血液中のブドウ糖の濃度が高い状態が慢性的に続く疾患です。定期的な通院ができれば、通常と変わりなく仕事を続けることができます。

　必ずしも食事や運動などの生活習慣のみで発症するわけではありませんが、生活習慣がよくないのではといった先入観を持たれやすい面があります。食事療法、運動療法、薬物療法が主な治療法です。インスリンの自己注射が必要な場合は、職場での方法や低血糖への対処を検討しておくことが重要です。

6 難病

　いわゆる「難病」(パーキンソン病、クローン病など)は、発病の機構が明らかでなく、治療法が確立しておらず、長期にわたる療養が必要となるもので、300疾患以上が指定難病に定められています(2022年7月現在)。全身的な体調の崩れやすさが多くの難病に共通しています。しかし、治療の進歩で症状をコントロールしながら働き続けられる病気も増えてきています。それぞれの症状や障害によって必要な配慮をしていくことが求められます。

メンタルヘルス面への配慮を忘れずに

　どんな病気であっても、その病状による体調不良や疲労に加え、精神的なダメージを少なからず受けます。本格的な治療をしなければならない決断、職場から離れた休職中、職場復帰の前後などさまざま場面で、メンタルヘルス不調に陥る場合があることを知っておきましょう。

　また、その不調の程度には波があったり、一旦なくなってもぶり返したり、長期間にわたったりすることがあります。うつ病や睡眠障害などを併発していることもあるので、医師による適切な治療が必要です。

　職場に復帰できるようになっても、完全に体調が元通りになっているとは限りません。疲れやすくなったり、また以前のように働けないいら立ち、外見からはわかりにくいために周囲の理解を得られないことなど、新たな懸念を抱えることもあります。

　病気の治療を進めながら仕事をしていく上では、いろいろな困難に出会っていくことになります。社内外のさまざまな支援制度を活用しながら、基礎となる自分にあった生活スタイルで日々を過ごせるように心がけましょう。

仕事との両立をもっと進めるために

　これまでみてきた私傷病のほかにも若年性認知症、不妊治療、あるいはケガや骨折など、治療を必要とするものはさまざまあります。また、妊娠・出産、育児、介護などと仕事を両立させる取組みの中にも、治療と仕事の両立を進めることに活用できるヒントがあるかもしれません。

　今は特に問題がなくても、将来病気になってしまってからは、体力や気力が想像以上に削られて、両立支援を申し出る一歩を踏み出せないかもしれません。そうなったときのために、周囲のサポートを受け入れて活用する「受援力」を普段から職場で育てておくことが重要です。

治療と仕事の両立支援について もっと知りたい方はこちら

国や自治体、団体等からさまざまな情報が提供されています。

治療と仕事の両立について（厚生労働省）

厚生労働省公式ホームページ内にある両立支援に関する制度や
助成金に関する情報、各種資料を掲載しているページ。
https://www.mhlw.go.jp/stf/seisakunitsuite/bunya/0000115267.html

治療と仕事の両立支援ナビ（厚生労働省）

治療者、事業者、医療従事者それぞれの立場ごとにまとめられた
情報を見ることができます。
https://chiryoutoshigoto.mhlw.go.jp

各都道府県産業保健総合支援センター、労災病院に併設する
治療就労両立支援センター、両立支援部（（独）労働者健康安全機構）

地域ごとに、個人からの相談のほか、企業からの社内制度や研修に
関する相談ができる窓口を探すことができます。
https://www.ryoritsushien.johas.go.jp/map.html

参考図書

●厚生労働省『事業場における治療と仕事の両立支援のためのガイドライン』
2022年3月改訂版、『同ガイドライン別冊　企業・医療機関連携マニュアル』2021年3
月改訂版（事業者、人事労務担当者、産業保健スタッフを対象に、治療を受けながら安
心して働き続けることができる職場環境づくりのために、取り組むべき職場整備や
様式例等を具体的に示している。公表以降年々、最新の情報が追加されている。）
●武藤剛『安全と健康』連載「どう進める？ 両立支援」中央労働災害防止協会、2022
年1 ～ 6月号
●遠藤源樹『治療と就労の両立支援ガイダンス』株式会社労務行政、2020年

参考サイト

●治療と仕事の両立支援ナビ
https://chiryoutoshigoto.mhlw.go.jp
●治療と仕事を両立させるための対策を考える両立支援チェックサイト
https://ryoritsu-check.work
●順天堂発・がん治療と就労の両立支援ガイド
https://www.juntendo-caw.com

治療しながら
安心して働く！
治療と仕事の両立支援BOOK

令和4年7月29日　第1版第1刷発行
令和5年10月6日　　　　第2刷発行

監　修　者　武藤　剛
編　　　者　中央労働災害防止協会
発　行　者　平山　剛
発　行　所　中央労働災害防止協会

〒108-0023　東京都港区芝浦3丁目17番12号　吾妻ビル9階
販売／ TEL：03-3452-6401
編集／ TEL：03-3452-6209
ホームページ　https://www.jisha.or.jp

デザイン・イラスト　株式会社アルファクリエイト
印　　　刷　株式会社丸井工文社

定価：330円（本体300円＋税10%）
乱丁・落丁本はお取り替えします。
ⒸJISHA 2022　21628-0102
ISBN978-4-8059-2056-5　C3060　￥300E

機械をつくる人、使う人のための
機械安全
ABC

中央労働災害防止協会 編

はじめに

　近年、労働災害は減少傾向といわれていますが、機械による災害は減少していません。

　機械の安全化については、平成19年改正の「機械の包括的な安全基準に関する指針」（以下、「機械包括安全指針」）の中で、機械の種類別といった個別の規制ではなく、すべての機械に適用できる包括的な安全確保の方策に関して、危険性又は有害性等の調査（リスクアセスメント）及びその結果に基づく労働者の危険又は健康障害を防止するための必要な措置（リスク低減方策）について機械メーカー、機械ユーザーのそれぞれにおいて実施すべき事項が定められています。

　本冊子が、人の注意に頼らない機械の安全化を達成するための取組みのきっかけになることを願います。

目　次